이영순 제2詩寫集

이보시게, 들꽃처럼 세상 사시게나

率天 李永淳

도서출판 대학서림

서시

이보시게, 들꽃처럼 세상 사시게나

이보시게,
나는
어느 봄날 세상에 들꽃처럼 왔다가
꽃을 보면
들꽃 같이 세상 살고 싶어지니 왜 그런지 모르겠네

봄이면 살색 고운
철쭉 꽃잎 같이 내 얇은 사랑을 노래 부르고

그늘진 숲속
파랗게 질린 구슬봉이처럼
푸르고 아름다운 인생을 그리고

이른 봄
기다리는 사람 오지 않아
꽃 떨어지고 수염 곱게 빗은 윤기 나는 할미꽃처럼
그리움 품고 인생을 윤기 흐르게 살아가며

뽀얗게 씻은 얼굴로
곤지 찍고 시집오는 새색시 같이
수줍은 미소로
백작약처럼 인생 향기롭게 살고 싶네

3

이보시게,
들꽃처럼
생긴 그대로 사시게나
사람 사는 것이 별것 따로 있겠는가
그냥 꽃처럼 세상 어울려 수려(秀麗) 하게 사시게나

시인의 말

시와 사진을 엮어 세상에 세 번째 민얼굴을 내밀며

서해 바다 건너 중국에서 날아오는 미세먼지에
우리는 마스크를 써야 숨 쉴 수 있고
밝은 안경을 써도 검정 선 그라스 쓴 것 같이
어두운 날이 계속 되어 좀처럼 맑은 하늘
보기가 쉽지 않다.
올 봄 미세먼지 유난해도 들꽃은 피고
여름 장대비 맞아가며 내 詩는 들꽃 속에서
출산(出産)을 하여 세상으로
내 부끄러운 민얼굴을 내민다.

詩를 쓰는 나이가 따로 있지는 않다.
시를 쓰고 사진을 담는 일이 내 생활에
절반을 차지하니 꽃 쫒아 산과 들에서
꽃 속에 산다고 핀잔을 듣고 살아온 지
꾀나 오래 되나 보다.
시를 써 놓고 꽃에서 詩를 뽑아내는 작업이
병이 된 지도 좀 되었나 보다.

詩는 감성이 살아있어 꽃처럼 피어나야 향기가 살아있다.
그래야 시가 읽기 좋고 맛깔나기 마련인데
나는 꽃을 감성의 눈으로 보고, 꽃노래를 시로 쓰자니
자연 꽃 같이 향기롭지 못하고,
내 詩는 사람 냄새가 더 많이 나는 시를 낳는다.

봄이면 들꽃 만나러 산과 들로
다른 사람이 가지 않은 길을 누비고
여름이면 연꽃 만나러 연 밭에서
연향(蓮香)을 따러오는 벌, 나비처럼 연꽃 詩를 쓰니
문우(文友)들은 나를 두고 연꽃 시인이라 불러주어
괜히 연꽃 속에 숨고 싶어진다.

가을이면 단풍으로 물든 산골짜기로 파고들어
몸과 마음을 단풍으로 적셔가며
감성을 다듬어 젊게 사는 시를 쓰고,
겨울이면 눈 덮인 산과 바다, 아니면
고궁에서 눈 속에 갇혀 감성을 키워 시를 쓰다 보니
자연 집식구 보기가 민망하다.

이렇게 4계(四季)를 살다보니 다시 욕심이 생겨
시와 사진을 엮어 제2詩寫集 출간에

용기 내 세 번째 잘못을 저지른다.

'이보시게, 들꽃처럼 세상 사시게나.'

제2시사집 출간에 자극을 주신 문단 많은 선후배님과

특히 한국 현대문학 작가연대 이사장 학우(學友)이자

문우(文友)인 강계 김용언 시인과

시집출판에 격려와 배려를 해준 동창생과 친구들에게

고마운 인사를 나눕니다.

늘 아낌없이 도움 주고 있는 죽마고우

도서출판 대학서림 윤진영 회장에게 감사드린다.

2018년 8월 16일

양주골 山村에서

율천(率天) 李 永淳

이영순

차례

제1부 우정 15도 친구

제2부 꽃바람 난 노루귀

제3부 연꽃 만나는 인연이게

제4부 보리암(菩提庵) 가는 길

제5부 들국화 향기 물어다

제6부 길에서 길을 묻는다

제1부

우정 15도 친구

우정 15도 친구

수온 15도 바다에는
꽁치, 고등어, 오징어 세 어종(魚種) 바닷물에 살고,

동해 선술집에는
고등어 회 놓고
동천집 주모의 쉰 소리가
미당(未堂)의 동천(冬天) 시구처럼
즈믄 밤의 꿈으로 맑게 씻어서
시(詩) 꾀나 읽은 척, 시늉으로 시를 노래하니,

15도 물 때 맞춰 방금 건져 올린
오징어 회 덮밥 안주 삼아
억센 손마디에 세월이 약속한
세 친구 술잔 우정 온도계 15도를 가리킨다

아직도 청년인 줄 아시오

속도를 알 수 없는
세월에게 물어도 답이 없습니다
아니 벌써
내 나이 종심(從心) 지나 산수(傘壽) 바라보는 나이
까닭 알 길 없어
허락 없이 누구 마음대로
내 모르게
이만치 와 버렸나 도무지 알 수 없습니다
살날 많은 젊은 나이가 부러워
흐르는 강바람에 세월을 엎어 오늘을 삽니다

그래,
어제 마신 술에 속이 쓰려하는 내게 하는 말
아직도 청년인 줄 아시오
나보다는 다섯 살 젊은 아내의 오늘 아침 인사말입니다

춘란春蘭 꽃 피니

어제 밤 꿈결처럼
봄이 오는 들창 문틈으로 고개 삐쭉 내밀고
수줍게 쪽지 편지 전해 주듯
춘란 꽃대 꽃망울이 터질듯이 부풀어 있습니다

친구,
내 집에
난분(蘭盆)마다 춘란이 죽순(竹筍)처럼 꽃대 올리더니
아침에
봄비 같은 겨울비 그치고 난 뒤
여기 저기 춘란이 꽃 피기 시작하네

올해는
임진왜란 해전(海戰)에 나간 병졸 머리에 쓴
두건(頭巾) 마냥
춘란 꽃이 먼저피고
오늘 아침에는
봄 마중 나온 나물 캐는 아가씨 같이
입술에 빨간 연지 바른 춘란 꽃이
마치 초등학교 입학하는 햇병아리
노란 초등학생 쌍둥이 손자처럼
줄지어 노랗게 줄 서 피고 있네

아마
내 인생에서 꽃 피는 봄에
난 꽃이 요란하게 핀 것 보니 길조(吉兆)인가 보네
친구 어서 오시게. 난(蘭)도 보고 술잔도 나누세

엄마 밥 묵었소

아침이면 눈 뜨자마자
아내가 전화기를 들고
하늘나라로 소풍 떠나신
어머니에게 전화를 걸려고 한다

나이 70까지
엄마를 불렀으면 행복한 일이지

오늘 아침에도
아내는 못다 한 말이 남았는지
전화기를 들었다 놓는다

기껏 전화를 해야
엄마 밥 묵었소. 한마디이면서
먼 남쪽 바다 끝 고향 땅
어머니께 전화 통화를 못 해 안달이다

정동진에서 일출

정동진
동해 깊은 바다 속
해 건져 올려
새벽 밥상에 보글보글 끓여
내 놓는 맛깔스런 청국장 같은
정동진 일출이어라

먼 바다
수평선 붉게 물들이며
눈부시게 떠오르는
아침 해를
세상에서 가장 넉넉한 새벽 성찬(盛饌)으로 하니
정동진 새벽 일출(日出)은
내 생애 최고의 선물(膳物)이어라

아내

내게 시집와 아내라는 이름으로
젊은 날에는 내 자식에 어머니가
내게는 아내라 불러지고,
다른 사람에게는 제 처(妻)라 소개하였고
다른 사람은 사모님이라 부르는 그 사람이
반 백 년 나와는 한 이불 덮고 자고 있는 동반자요,
자식들 짝 찾아 제금 난 후
정년퇴직하여 아침, 저녁밥을 둘이서 하는

내 안에 있는 사람이 아내이다
요즘은 손주들이 우리 할머니라 불러주는
자식들과 손주들 안에 있는 사람이 내 아내이기도 하다
함께 살아 온 날보다
건강하게 다정하게 살날이 많은
내 집 안에 있는 사람이 아내이다

남해바다 해돋이

새벽 기침 소리에
놀랜 도둑고양이 같이
머리 삐쭉 내민 해가 귀엽다

바다 건너 산 넘어
산기슭에 기댄
숯가마 불타는 참숯 덩어리 같은 해

동트면 갈매기 무리지어
손님맞이 하듯
타는 해 품으로 빠져들듯 날고
금방 새벽 잠자리에서 일어난 낯으로
바다와 작별하는 남해바다
하늘 붉게 물들이는 해

하루짜리 해 아니고,
날마다 쉬지 않고 떠오르는
아침이면 바다에서 물고기처럼
살아서 튀어 오르는 붉은 해를 본다

용화해변에서

가을비 파도처럼 차창(車窓) 부시는 아침
동해 바다
그 해변에 가 보았지
바다는 푸른 물결 흰 거품 연신 뿜어내고 있었지

흰 머리띠 두른 시위대 얼굴 모양 한
성난 파도가
용화해변으로 밀려오면

하늘에 검은 구름 걷히고,
파란하늘에 흰 구름 금빛 웃음 웃으며
성난 파도를 어루만져 주고 있었지

흰 꼬리 두른 용화해변 해안선(海岸線)은
어머니 품속 같이
푸른 바다 흰 파도로 안아 주며
세상 어지러운 풍문을
하얀 포말(泡沫)처럼 몽땅 사그라지게 하고 있었지

하얗게 밀려오는 파도로 씻은
용화해변은 햇살 고운 가을 바다 풍경을 낳고 있었지

사랑하는 사람이

사랑하는 사람이 당신이었으면 좋겠습니다
아침 이슬처럼 반짝이며 왔다가
해 뜨기 무섭게 사라지는 그런 사랑 아니고,
흐르는 냇가에 손등 적시고 흘러내려가는
물방울 같이 가슴 촉촉이 적셔주는 사람이
당신이었으면 좋겠습니다

이승 생겨난 때부터
연꽃에 바람 스쳐가는 것 보다
아주 작은 인연(因緣)으로 이 땅에 와
넓고 깊은 사랑 심어 끈질긴 연(緣) 놓아
태어난 사랑이었으면 좋겠습니다
당신이 사랑하는 사람이 바로 나였으면 참 좋겠습니다

춘란春蘭 꽃대 솟아오르면

봄이 피려나보다

먼 남쪽 바다 외딴 섬 안에
그리고 산
소나무 숲 그늘에
햇살 비추고 솔바람 스며드는 자리에 둥지 잡아
꽃대 올리는 춘란(春蘭)이
내 좁은 난(蘭) 곳간(庫間)에서
신축공사(新築工事) 하듯,
도회지 빌딩 숲처럼
불끈 꽃대 올리면
나는 창문을 열어 솔바람 대신 봄바람을 불러
춘란(春蘭)에 푸른 바다 보이게
향수(鄕愁)를 불어넣어주네

봄눈 내려 눈앞을 가리는데,
향수(鄕愁) 품은
춘란(春蘭)은 여린 꽃대 고개를 곧추 세우고
교회당 종루(鐘樓) 지붕 위 피뢰(避雷) 침 마냥
뾰쪽 솟아
봄이 온다, 봄이 온다. 하고 반갑게 봄 인사 하네

마치 춘란(春蘭) 꽃대
가녀린 소녀의 눈두덩에 기생하는 속눈썹처럼
여기저기 무리지어 불쑥 삐쳐 올라 봄을 꽃 피우니,
아마 올 봄도 춘란(春蘭) 꽃대는
제 먼저 아담한 난(蘭)꽃을 피워
봄을 피우려나 보다

고광나무 꽃 같이

고광나무에서는
기름집 여주인이 깨 볶아 내는
고소한 향기 풍겨 나고,

성전(聖殿)에서
흰 미사보 머리에 이고
두 손 모아 기도하는 성녀(聖女)처럼
세상 번뇌 잊게 하는 품격이 울어나,

밤이면 길 밝혀주는
빛을 뿜어
집나간 여인 안심하고 돌아오는 길잡이
가로등 불빛 같이
소리 내어 사랑 부르는 향기로운 고광나무 꽃 같이

글로 쓴다면

아름다운 자연을 글로 쓴다면
나는 풀, 꽃 순례(巡禮)하는
나비처럼 날개 펴고 세상 바르게 그리렵니다

꽃 중에
꽃을 글로 쓴다면
나는 때 가리지 않고 말복(末伏) 더위에도 피는
연(蓮)꽃을 그려 놓으렵니다

얇은 망사날개로 날아
자연을 탐방하다,
풀잎에 앉아 속궁합 즐기는
잠자리 속궁합을 글로 쓴다면
한여름 더위처럼 뜨겁게 타오르는
들판에 펼쳐지는 향기로운 축제라 쓰렵니다

임을 보내며

산은 어제 보았던 그대로 인데,
나 혼자 보는
오늘 이 산은 어제 보았던 그 산이 아닙니다
임 떠나버린 산은
계절 떠나 떨어진 진달래꽃처럼
쓸쓸하고 가난한 산입니다

나뭇가지 끝에 봄 향기 피어오르고
산은 봄으로 갈아타고 있어도
가신임은
아니 오시는 지, 우린 알 지 못합니다
도대체 임은 왜 오시지 못합니까

그러나
나는 임을 보내지 아니 하였습니다
임은 산처럼 내 마음 속에 언제나 자리하고 있습니다
사랑하는 우리임이여

– 천안함 영웅들을 보내는 날에

소엽풍란 꽃 피는 계절

밤잠 놓치고
잠 못 자는 꽃인가
꽃향기 달다는 말
소엽풍란(小葉風蘭) 두고 하는가 보다

꽃대 하나에 여섯 송이
꽃송이 마다 긴 꼬리 수염 달고 하얀 꽃 피는
계절 팔아
하얀 꽃향기 뿜어 아침 깨우는 소엽풍란 꽃이게

단옷(端午)날 동네처녀 그네 타는 치마폭에
감추어진 향기처럼
단옷날 수리취떡보다 차지고 고운 꽃이게

소엽풍란(小葉風蘭)은 계절을 사서
여름이면
밤새워 꽃향기 하얗게
남쪽 바다 외딴 섬 고향 낳는 꽃 피우는가 보다

새벽을 여는 하얀
소엽풍란(小葉風蘭) 꽃향기에 취해 호강하는 계절을
산다

석란石蘭이 피기까지

석란(石蘭) 꽃봉오리
초승달처럼 가련하지 않아도
엄마 젖무덤 파고드는
젖먹이 아이 입술처럼 순결이 배어있고,

절로 저절로
뽀얀 꽃봉오리 두 입술 포개듯이 마주 보며
마치 어미 도움 없이
산새 알에서 깨어나듯 신비(神秘)의 탄성(歎聲) 터질 것 같은,

석란(石蘭) 피기까지
봄을 기다리며
생명탄생(生命誕生)의
꽃향기 뿜어 세상 밝히는 파란 봄날
하얀 석란(石蘭) 꽃 피기만 기다리네

사랑하는 까닭

나는 가진 것 없는
허울 좋은 빈털터리 사람이외다

머리털 날리는 미풍에도
당신 없이는 바로 설 수 없습니다
세상 살아가는 데 혼자서는 살 수 없습니다
어렵고 힘든 고비 있을 때
그때마다 살아가는 이유를 깨우쳐 주던
당신의 따뜻한 위로의 말 한마디가 오늘을 있게
했습니다

사랑은 변하지 않는
무색(無色), 무취(無臭), 무형(無形)의 아름다운으로
우리 가슴이 피어나는 절대적인 힘이 있습니다

나는 가진 것 없는

허수아비 같은 가벼운 사람이 외다

가벼운 몸에 사랑을 입혀주는 당신이 있어

바람에도 흔들림 없이 살아갑니다

궁금한 점은

나를 사랑하는 까닭이 무엇 이길래, 요렇게 애타게

하십니까

제2부

꽃바람 난 노루귀

노루귀

산비탈
웃는 얼굴 뽀송뽀송한 모습으로 내게 오신
곱디고운 노루귀 아가씨

금방이라도 엉덩이 흔들며 나타날 것 같은
하얀 귀를 가진
산에 사는 노루,
귀 빼 닮은 가녀린 꽃,
노루귀
나는 반가운 눈으로 그녀를 마주하며,

바람난 노루가
봄바람 무게만큼 가벼운
꽃바람에 귀 세우고

바다가 고향인 소녀처럼 나들이 나온
분홍 노루귀 그녀 앞에 서서,

토라지면 귀엽지 말거나
곱거든 예쁘지나 말지
숨이 멈추는 고운 자태 다소곳한 그녀
하얀 노루귀 앞에서
눈멀고 귀 어두워 말 삼키며
가슴에 품은 한 대신, 눈으로 하소연하고,

봄바람, 갯바람에
털보송이 날리며
흰 노루, 분홍 노루, 떼 지어
노루 귀 흔들다 봄 날 다 저물겠네

큰 구슬붕이

큰 구슬붕이는
한 해 살기가 억울해
해를 넘겨 두 해 살이
자선냄비 종을 울리는 5월의 숲 선교사(宣敎師)인가
보다

작은 키 발 돋음 하며
얼굴 파랗게 질리도록
동화 속 주인공 같이 종(鍾) 울리는
5월 푸르른 숲에 파란하늘 닮은 어린 왕자인가 보다

얼굴 쫑긋 내밀고
큰 눈 번쩍 뜨고
백두대간 숲에서 숲속 왕자처럼
청초한 꽃, 큰 구슬붕이를 아시나요

내 그대를 사랑합니다

큰앵초 꽃으로

길 잃고 헤매다
숲속
앵두빛깔 고운 한복 치마 새색시처럼
곧게 뻗은 키 큰
행복 주는 큰앵초 꽃 만나

숲길에
행운의 열쇠 주워 아침 열며
층층이 피어오른 큰앵초 꽃을

60년이 훨씬 지난 날
하늘로 소풍 떠나신
어머니께
이 꽃을 편지 대신 보여드리면

'참 꽃빛 곱다.'하실까

앵두빛 새색시 치마 같은
행복의 열쇠 품은 큰앵초 꽃으로
올 봄 어버이날
어머님 앞가슴에 달아 축하드리려 하니

어제 밤 꿈에 뵌 어머님은
진작 오늘은 그림자조차 보이지 않으니,
큰앵초 꽃아,
내 저린 가슴을 어찌하리요

꿩의 바람꽃

봄이 피는가 보다
망산 할미꽃 찾아가는 길
금지된 사랑의 슬픔 안고
가녀린 목줄 빼고
피어난 바람의 딸 하얀 아네모네 꽃

바람 불어
꽃의 신(神) 플로라에
질투(嫉妬)로 태어난 꽃
그녀 이름
꿩 다리 닮아 꿩의 바람꽃
바람 부는 양지쪽 산자락에
아픈 사랑으로 피어 위안 받는 꽃이

구봉도 노루귀

오시나 보다
오시나 보다
더딘 걸음 봄 길로 오시나 보다

이불 삼아 덮은 갈잎 헤치고
내 마음 아실이
노루귀 아가씨 봄 길 따라 오시나 보다

지난겨울 매서운 추위 이기고
승전 나팔 불 듯
분홍 노루귀 아가씨 솜 털보송이 반짝이며
여기가 좋겠다, 하고
봄 길 열고 오셨나 보다

바다가 고향인 양
하얀 노루귀 아가씨 어깨동무하고
봄나들이 가듯이 봄 길 따라 오셨나 보다

발아래 바다에서
불어오는 봄바람 맞은
노루
귀 닮은
구봉도 노루귀 솜털 날리며 졸고 있는

산비탈 양지 쪽, 옹기종기 노루귀 모여
봄노래, 꽃 노래하는
구봉도 하얀 노루귀, 분홍 노루귀
어찌, 어찌해서 당신 먼저 알고 봄 길, 꽃길 찾아 오셨나 보다

복주머니란蘭 꽃

지난 밤 꿈에 혹부리 영감이
불룩한 혹 달고 나타나더니
오늘 운수 좋게
광릉수목원 숲속 나무울타리에 갇힌
보랏빛 몸에 줄무늬 두른 복주머니란(蘭) 꽃 마주하나
보네

복주머니란(蘭) 꽃은
오월 바람에 꽃잎 나풀거리며
어쩜 볼록한 배 내민 임신부 같이,
젖먹이 아기 품에 안고
숲속으로 나들이 나온 이웃집 새댁 같이 싱그럽게

민얼굴로
산후 조리원 아기 엄마 불러 모아 수다 피우는 것 같이,
밭갈이 하는 배냇소
핏줄 발갛게 세워 가쁜 숨차 그늘에 쉬는 것 같이
한가하게

초파일 날 덩달아
복주머니란(蘭) 잎이
부처(佛陀)의 신이(神異)처럼 복주머니 란(蘭) 꽃
비추는 것 같이,
울타리 속에 핑계 삼아 숨은 복주머니란(蘭) 꽃은
마치 연등 켜 들고 탑돌이 하는 연등(燃燈) 행렬 같이
엄숙한 꽃이게

엉겅퀴

절문 지나
큰 스님 탁발 수행 가는 길
장삼 자락 스치는 바람으로 크는가

이름 잊은 사람 불러 보려는가
빨간 눈알 크게 뜬 엉겅퀴

누굴 기다리는가
소식 몰라 기다릴 사람 없이

오려나 해지기 전
올 것 같아 눈 크게 뜨고
절문 쪽 인기척 소리 귀 기우리는 엉겅퀴

민들레

민들레 당신은 누구십니까

어디서 와
바람 따라 유영(遊泳) 하다
논두렁, 밭두렁 가리지 않고
설자리, 앉을 자리 탓하지 않는

당신의 주민등록은 어디입니까
가다 뿌리 내리고 꽃 피워
다시 바람 불어 좋은 날에는
강 건너 들로
산을 넘다 힘에 부치면
내려 앉아 햇살 좋은 벌판에
꽃 피고 홀씨 되어
사는 곳이 주민등록지가 되는

당신은 하얀 민들레로
노란 민들레로 꽃 피워
꽃이 지면 홀씨 피워 다시 태어나는
윤회(輪廻)를 실천하는 구도자(求道者)입니다

민들레처럼

당신 가슴에 달린 '엄마'라는 훈장 같은
노란 민들레는 어디서 왔을까

줄을 놓아
우리 같은 인연을 말하듯이
젊어 만나 꽃 피워 자식을 낳아 길러내
제 살림 내 주고, 가정 꾸려 손주들 낳고 번성한 모습은

이, 아침 푸른 풀밭에
노랗게 빛나는 민들레처럼
홀씨 맺기 전 탐스럽게 웅크리고 있는
성스러운 모양은
당신에 내리 사랑 보는 듯 하고

당신이 놓일 자리 탓하지 않듯
민들레는 길섶, 풀밭이든, 바위틈, 길바닥 가리지 않고
알아주는 이 없어도 밝은 얼굴
행복한 웃음으로
마치 옹기종기 마당에 모여 공기놀이하는 또래 아이들
처럼
강하고 끈질긴 당신 같은 민들레처럼

나도 다시 태어나면
민들레처럼 탓하지 않는 사람으로
활짝 핀 민들레 홀씨 같이 세상 순리대로 펼치겠습니다

배꽃 연주회

그대
산 아래 마을
초록빛 배 밭에
하얀 연미복 곱게 차려 입은 연주자들이
봄을 연주하고,
여성 연주자는 하얀 머플러로 뽀얀 목선 감추고
몸보다 큰 첼로를 연주 하는
배꽃 연주회는 순결한
배꽃 봄의 향연이 시방 한창입니다

배꽃은
초록빛 배 밭에서
연주회 악기 되어 합주 하는데
어떻게 보면 트럼벧이 되고
어찌 보며 바순이 되더니

어떤 꽃은 피아노 건반 되어 연주를 하는데
이 봄의 배꽃 연주회 혼자 보고 듣기는 너무 아쉬우니
그대 어서 오십시오
어느 음악회에서 이런 하얀 소리,
봄이 피어나는 소리, 봄소식 들려주겠습니까

배꽃 핀 언덕
봄이 선물하는 연주회 고운 선율에
귀 기울여
옛날 우리가 즐겨 듣던 연주곡을 듣고,
눈으로는 뽀얗게 씻은 배꽃으로 순결을 볼 수
있겠습니까

남산 제비꽃

하얀 꽃 당신은
흰 소(牛)에 순진한 눈을 닮은 꽃
목장에 살기는 너무 아까워
망산 산길에 핀 풀 향기 들꽃으로,
하얀 제비꽃,
당신은
우리의 인연(因緣)을 놓지 마세요

찬란한 봄날 외출에서
맺은 우리 인연(因緣)이
제우스의 사랑처럼 아름답게 빛나는
남산 제비꽃 당신에게 입맞춤하는 아침,
나는
바다가 보이는 망산(望山)에서
남산 제비꽃, 당신에게 사랑을 속삭입니다

벚꽃 길로 가다

해마다 4월이 오면
내 아내는 고향을 찾는다
고향집 홀로 지키시는 나 많은 어머니가 계시니
어머니 뵈러간다는 것은 핑계요,
기실은
바다를 들러리 삼아 섬 고향길이
난봉꾼처럼 하얗게 차려 입고
벚꽃의 화려한 분열식을 보러가는 것이다

올 벚꽃은
간밤에 내린 봄비에
바다로 늘어진 수양버들 벚꽃이
물안개 속에
마치 하얀 드레스 입은 신부(新婦) 입장하는
예식장 무대 길 같아 장엄 터라

이 벚꽃 길 가는 일이
해를 거듭해 끊어지지 않아
오래도록 나 많은 어머니가 살아만 주신다면
나도 함께 새 신랑(新郎) 같이 연미복 입고
축복 받는 벚꽃 터널을 걸어가며
아주 오래전 신혼 시절 혼행(婚行) 가듯이
바다 건너 벚꽃 길로 간다

은방울꽃에서 은방울 소리 난다

은방울 꽃
은방울 종소리 가볍게 딸랑딸랑 울려 퍼진다

은방울꽃에서는
마치 구세군 자선냄비에서
울려 퍼지는 나눔의 종소리처럼
사랑을 나누는 하얀 은방울 소리 나고,

산사(山寺) 대웅전 처마 끝
풍경(風磬)에서
잠든 마음을 깨우는 하얀 은방울 소리 난다

그리고
은방울꽃에서
길 잃은 어린 아이
눈에서 흐르는 맑은 수정 같은 눈물방울 보이고,

광화문 신작로를 누비는 시위대에게
무섭게 부릅뜬 충무공의 날선 눈망울 보인다

그래서 나는 꽃밭에서
아침밥상에 올라 온
사기(砂器) 간장 종지 찰랑이는 소리 같은
아내의 하얀 은방울 소리를 듣는다

진달래꽃으로

지금 진달래꽃 피어
산을 진달래 빛으로 물들이고 있습니다

얇아진
미닫이 문창살, 물 먹은 창호지에
살색고운 진달래 꽃 잎으로
옛 사랑의 살점을 덧붙여 무늬 놓아가며

나는
진달래 꽃 피면
봄바람이 실어오는
귀에 익은 봄노래 가락 같이
또박 또박
내 가슴에 남아 있는 사랑을 불러

사랑이
미움도 시기도 다 녹이듯이
또 다시
진달래 꽃 피면
배반한 그 사랑을 용서하며

올 봄
진달래 꽃 피면
숨겨진 여린 속살 같은
진달래꽃
조각보를 만들어 우리 사랑을 가꾸겠습니다

꽃 소식 오는 설날 아침에

눈썹 센다는 섣달그믐 날
밤이 흘러 새벽이 열리면
나는 공짜로 한 살을 얻어먹고
반가운 꽃 소식에 엄마 생각이 절로 나고,

집안 가득 설날 음식 냄새 배어 있고
밤새 설빔에 동정 깃 달며 버선 콧등에 꽃무늬
수놓듯이
봄 빛 소리 내며 눈 속에 피는 복수초(福壽草) 한 다발이
세뱃돈 받는 아이처럼 활짝 웃음 웃는,

설날 아침 눈 속에 못다 핀
우리 엄마 닮은 노란 복수초가
80 가까워지는 나이에도 그리운 우리 엄마 생각 더
나게 하는
봄빛 꽃소식은 좋은데, 애꿎게 나이 먹는 설날 아침이
서럽다

나리꽃이면

풀빛으로 붓 칠한
여름 짓는 산골짜기
산새가 물어다 놓은
주황색 나리꽃 앉혀 놓았는가 보다

나리꽃에 종을 달아
여섯 꽃 수술, 꽃 망치로, 바람 부는 대로 휘돌아 때려도
울리지 않는 종소리로 따가운 여름 꾸미는 나리꽃이면,

소리 없이
아침을 여는 나리꽃이
가슴 찌를 것 같은
피뢰침처럼 꽃 잎 저치고 고개 숙인 나리꽃이면,

산 중에 수줍게 여승 독경(讀經)하듯
꽃 속에 자주 빛 감추고
말갛게 웃는 몽고반점 한, 산 속 나리꽃이면,

풀빛 아침
나리꽃 황금빛으로 종을 울려
여름에, 여름에 나리꽃 노래 부르는
내 귀 밝아지고 나리처럼 살겠네

금산錦山 얼레지 꽃

봄바람이 추었는가,
금산(錦山) 보리암 가는 길
고개 숙인 얼레지 꽃

일곱 살 어린 시누이 키스
훔쳐보다 홧김에 피었는가,
방긋 웃는 아가처럼 활짝 웃으며
곱게 핀 얼레지 꽃

바람난 얼간이 여인처럼
머리 제쳐 바람에 날리는 꽃잎으로
7년을 기다려 피는
바람난 꽃 얼레지 꽃
분홍색도 보라색도 아닌
얼치기 색깔로 맥없이 움츠려 피었는가

개별꽃

밤하늘에 소풍 나온
하얀 선녀 얼굴에 내려앉은
별똥별 같은 꽃이런가

밤하늘에 별을 따다
별을 따다
풀 섶에 흘려 꽃으로 핀
흔 하디, 흔한 별꽃에
이른 봄 서늘한 바람에 편지 삼아 봄소식 띄우면

다섯 꽃잎에 점자(點字)처럼 쓴
반가운 손 편지 답장이 오늘 밤에 온다던가

금낭화

어딜 가시는가

머리에 아얌 쓰고

쓰개 꽁무니에 달린 구슬 흔들며
봄바람에 찰랑찰랑 아양 떠는

감춰진 그리움이
모락모락 피어나는 향수 같은
우리 엄니 속 고쟁이에 달린
빨간 동전 주머니 같은 금낭화

금낭화는
봄빛으로 불타는 심장 같은

그래서 봄이면
요령(遙鈴) 울리며 무녀(巫女)처럼 춤추는
봄꽃으로
활처럼 휘어져 줄지어
우리 가슴에 피어나는 행복 주머니 같은 금낭화

고향이 어디냐

야고(野菰),
고향이 어디냐

고향이 어디냐고 묻지 마셔요,
억새 우는 산언덕에
억새 뿌리에 숨어 얼굴 내미는
나를 아시나요

나는 따뜻한 제주 오름 귀퉁이에서
낯선 손아귀에 뿌리째 뽑혀,
억새 뿌리에 붙어 이주(移住)해 온
하늘공원에 터 잡고 사는
하늘공원 야고(野菰)라 불러주셔요

남들은 나를 담뱃대 닮아
담뱃대더부살이라 부르고,
누군 인디언 파이프라 부르는데
그냥 하늘 공원 야고(野菰)가 좋습니다

나는
'내 고향으로 날 보내주오,'라는
말보다 따뜻한 말
'타향도 정들면 고향'이니,

묻지 마세요.
고향이 어디냐,
야고(野菰)

광릉 요강 꽃에서

광릉 요강 꽃
들기 좋은 이름 광릉 난(蘭) 꽃 두고
요강 꽃이라 부르는 까닭은
아마
광릉 요강 꽃에서는
새 색시 향기가 울어나 생긴 이름이런가보다

아주 오래 전
한강 샛강 무시막강 물이 꽁꽁 얼어 썰매 지친 던 시절
인가 보다
동지섣달 어두운 밤 뒷간 가기는 길이 무섭고 멀어
대청마루 다듬잇돌 옆에 놓인 놋요강에
갓 시집 온 새댁이 두려움에 떨며 살그머니 소피보는
소리
모락모락 풍겨나고,

광릉요강 꽃에서는
주름진 손등 우리 엄마 얇은
손에 지푸라기 수세미 들려 있는 그림이 보이고,
내 어릴 적에 우리 엄마는
사기요강에 뚜껑을 닫는 소리가 신호였는가 보다

그러나
지금은 볼 수 없는 요강을
난(蘭)꽃, 광릉 요강 꽃에서 그리운 옛날 지린 향수를
맡는다

제3부

연꽃 만나는 인연이거

〈연시〉

연蓮꽃 만나는 인연因緣이게

(1) 친구 같은 연蓮꽃이게

여보게. 친구
세미원(洗美苑)에 눈부시게 연꽃이 피었네
구경한 번 오시게
전화 받고
시방 연(蓮)꽃 만나러 가는 것이네

여보시게,
작년에 피었던 연꽃 아니고
올해
연(蓮)꽃 눈이 부시도록 피었네, 그려

한강
물에 마음 씻어내고,
연(蓮)꽃 만나
마음 아름답게 가꾸는
관수세심(觀水洗心) 관화미심(觀花美心) 아니런가
친구 인연(因緣)으로 연(蓮)꽃 만나러 오시게

연(蓮)꽃 만나
나오는 탄성(歎聲) 들리네 그려,
연(蓮)꽃 소근 거리며 피는 소리
절로 내는 감탄이라 아시고
아침 밥 거르고 서둘러 오시게

한강 강바람에
오늘 이른 아침
뽀얗게 얼굴 씻고 이제 막 피어나는
연향(蓮香)에 젖어 보시게

똑 같은 인연(因緣)으로

연(蓮)꽃 만나

마음 아름답게 가꾸는 우정(友情)의 꽃 피우세

(2) 엄마 같고, 누님 같은 꽃이게

우리 엄마
여름 모시적삼 저고리 같은
하얀 백련(白蓮) 꽃,
검정 잠자리 날개에 실려 피었다네

아주 오래전
한 육십 사오년 전
가신 그해 그때에도 피었을
백련(白蓮) 꽃이
살아 돌아 온 엄마처럼 한강 강가에
마음 달래주며 순수(純粹)롭게 피었다네

엊그제 뵈었던
나이마저 알 수 없는

누님 같은
홍련(紅蓮) 꽃,
모녀(母女)처럼 백련(白蓮) 꽃 곁에 피었다네

고추잠자리 날개바람 결에
누님 같이 생긴 꽃,
홍련(紅蓮) 꽃 두 세 송이
수줍게
마음속에 불꽃처럼 솔솔 피어나네

백련(白蓮)은
검정 잠자리 날개에 실려 피고
홍련(紅蓮)은
고추잠자리 망사 날개바람으로 피는
인연(因緣)으로
연(蓮)꽃은 그리운 여인(女人)처럼 내 마음에 영원토록
살아 피어나네

(3) 아내가 연蓮꽃 같게

아내 마주 하고,
친구 옆에 앉혀 놓고
번갈아 바라보는 꽃, 연(蓮)꽃이게

추억도 사랑도 다 내려놓고
미련 털어버리고
바람 부는 강가 갈대숲에서
신비(神秘)로 피어나는 연(蓮)꽃 같이, 가는 세월
기다리는 것이게

이제
아프지 말아요
나 혼자는 살 수 없어요
우리 남은 인생살이에서

내려놓을 것이라고는 사랑 말고 아무 것도 남은 것
없어요. 라고 말하듯이

하얀 꽃잎 먼저 떨어지고
파란 씨방 수염 달고
아내처럼
꿈꾸듯 연(蓮) 밭에서 세상을 바라보고 있는 연(蓮)꽃
같게

연(蓮)꽃을
아내처럼 사랑하는
마음 하나로
오직 한 가지 소원은
아내가 연(蓮)꽃 같게
죽는 날까지 함께 하면 그만이게

(4) 연꽃 만나는 인연으로

장마가 남(南)에서 온다더니
연(蓮)꽃
나비 등에 올라타고
장마 보다 한 발 먼저 남(南)에서 와 피었네

여름 뙤약볕 아래
나비 날개 타고 온, 연(蓮)꽃이게

날아갈까 두려워
숨죽여 왔는가,
연(蓮)잎에 앉아
연(蓮)꽃 피우는 인연(因緣)으로

오수(午睡)를 즐기는 나비처럼 꿈을 꾸게

여름날
연(蓮)꽃 만나는 인연(因緣)으로
연(蓮)꽃 속에 아주 파묻혀 지나가는 것이게

101

연꽃이 피기까지

밤하늘 달무리에
숨어왔는가
지난여름 한 철
얼굴 삐쭉 보여주더니
어데 갔다가 이제 왔는가

못 다 핀
쌍둥이 홍연 꽃봉오리
혹여, 비엔나
도나우 강 건너오느라 늦었는가

종로 네거리
옛 백화점 터 앞 표석처럼
뽀얗게 피어 있는 백련 꽃이게

시집가는 날

꼬박 날짜 기다리는

신부(新婦)처럼

연꽃 피기까지는

먼 길 돌아 여행에서 만나는 손님 같게

이런 연꽃 같이

컴컴한 새벽 장독대 백자 항아리 위
어머님이 떠 놓으신
자개 쟁반에 앉힌 사기대접 정화수(井華水) 속으로
여름 장대비 굵은 빗방울에 연거푸 퍼지는 파문(波紋)
같이

어항 밖은 비 내리고
어항(魚缸) 속 물고기
물 밖으로 주둥이 내밀며 *연신 삼키는
무색(無色) 무취(無臭) 무향(無香) 공기 같이

비 오는 날 신혼시절
버스 정류장에 우산 받쳐 들고
마중 나온 새댁 종아리로 튀어 오른 빗물 같이

마중물 부어 뽑아 올린 펌프 물 말고,
이른 새벽 남보다 먼저 길어 올린 정화수(井華水)에
동백기름 곱게 빗은 쪽진 머리
우리 엄마 모아 쥔 손끝에 달린 기복(祈福) 정성이
둥글게 허공에 흘러넘치고 하얗게 두 손 가득 담아낸
이런 연꽃 같이

註 연실: 잇달아 자꾸 반복성의 부사.
유사어는 연방: 잇달아 자꾸 연속성을 나타내는 부사

백련白蓮 꽃 문답問答

그대는 누구십니까
해마다 7월이면
내 마음에 고운 연꽃 향기로 흥건하게 적셔주는
그대는 누구십니까

파란하늘 머리에 이고
푸른 연 밭이 도화지 된
아름다운 세상에
하얀 물감으로 수채화를 그려
연 잎을 밟고 솟아 오른 백련(白蓮) 꽃 그대가
말해 주오

환하게 웃는 허연 웃음은
고운 향기로 살고 세상 곱게 살라는

입 다문 꽃봉오리는
묻지 말고 그저 말없이 세상 살라는
그대, 백련 꽃 문답(問答)입니까

누가 뭐라 해도
연꽃 같이 뽀얀 세상
백련 같이 향기로운 사랑 담긴
가난한 시인(詩人)의
연꽃 피게 한 시(詩)를
백련(白蓮) 꽃 수채화(水彩畵)에 새겨 넣습니다

수련睡蓮 꽃 앞에서

흰 구름이 내려앉은
연못에
늦둥이로 피어난
꿈꾸는 요정 같은 수련 앞에서

망신스럽게 늦둥이 낳고
따뜻한 아랫목에서
미역국 먹고 있는 산모(産母)가 구박(驅迫) 듣는 것 같이

예전 우리 엄마 생각에
눈 부비고 서둘러
때 늦게 웬 수련 꽃인가
콧방귀 뀌며 달려간
수련 꽃 축제에서
아름다운 '꿈꾸는 요정'같은 수련 꽃

하늘에서 내려와 물의 정원에 늦둥이를 낳은 당신을
마주 합니다

연꽃 만나고 가는

연꽃 만나고 가는 바람이
머문 자리
마치 섣달그믐 밤 어머님이
한 땀 한 땀 지어내신
색동저고리 소매 단에 물린 설빔 같이
연꽃은 애타게 기다리던 그리움이게

그리고
여학생 우리 손녀 입술에 찍어 바른 립스틱 같이
반짝이는
연꽃 만나고 가는 바람이
접어놓은 곱디고운 작품이게

해 걸이로 불어오는
먼 바다 태풍 아니고
마음 심란하게 흔드는 유혹 같은
연꽃 만나고 가는 바람이게

초혼招魂 무곡舞曲

꽃길 물길 따라
꽃길 가다 물 만나면
물길로 가고
바람 만나
길을 놓아 무녀(巫女)처럼 춤추게나

혼(魂) 부르는 나팔 소리
손에 담아 쥐고
먼 하늘로 꽃길 놓아 띄워,

하늘을 떠도는
심청 빼닮은 빅토리아 연꽃
연못에 내려놓고 춤추는 꽃길,

나는
혼을 부르는 무녀(巫女)
손끝에서 건져 올린
물에 잠긴 수련(垂蓮) 꽃 만나 연꽃 길 간다

관곡지官谷池 연가蓮歌

관곡지(官谷池) 연꽃 만나는 인연은
새벽 동트자 법당으로 들어서는
동자승 같이
말쑥한 연(蓮)꽃으로 피어나면 좋겠습니다

연지(蓮池)에 들어서면
대웅전(大雄殿)되고,
연꽃은 부처 되는 성전(聖殿) 같고,

관곡지(官谷池) 에 가면
사랑 속삭이는
정다운 첫날밤 신비의 소리 같은 기쁨이 있습니다

하늘 높이 솟아 핀
백련(白蓮) 꽃송이가
옥황상제에게 상소(上疏)하는 절규 같기도 하고,

아침 찻상(茶牀)에 놓인
백련 꽃 찻잔(茶盞)
마주한 사람과 홍련(紅蓮) 꽃 비경(秘境) 함께 나누고,

찻잔에 묻어 있는
연꽃 차향(茶香) 울어내어
이승 버리고 저승으로 떠난 이에게
상식(上食) 음식으로 연(蓮)꽃 차향(茶香) 올리듯이,

내 만약에
연(蓮)꽃으로 피어난다면
사랑받는
관곡지(官谷池) 백련(白蓮) 꽃으로 피어나고 싶습니다

세미원 연꽃 마주보며

동해 수평선 너머
솟아오르는 해처럼
보석 같은 연꽃 마주보며 눈인사 나누네

세미원 연꽃 마주하면
울어 피어오르는 향기에
젖어
동해 깊은 바다에서 건져 올린
눈부신 아침 해 보는 듯하고,

세미원(洗美苑) 연꽃에서는
한강물 위로 삐쭉 얼굴 내밀고
세상 나들이 나오는 해처럼
아침을 여는 향기가 피어나고,

한강 강물에
비늘 말갛게 씻고
강물위로 햇빛 받아 튀어 오르는 물고기처럼
반짝이는 얼굴로 마주하는 세미원 연꽃에서는

개구쟁이 손자 아이처럼
연 잎에 바람 만나고 가는 풍문처럼
연향(蓮香) 물씬 풍기고
여름에는 세미원 연꽃 마주보며 내 인생 날개를 핀다

〈연시〉

연꽃 만나러 가는 길에

-I- 연꽃 편지便紙

편지 첫머리를 쓰려하니
가난한 내게는
아직 편지지(便紙紙)도 마련되지 않았고
잉크병에는 잉크가 바닥이 났고,
손에 깍지 끼어 잡은 펜촉은 말라,
한 줄 한 자(字)도 써내려 갈 수 없습니다

다행스럽게도
사방(四方)으로
연(蓮)꽃이 흐드러지게 피어 있어

연(蓮)잎을 편지지 삼아 기필(起筆)합니다
그대를 그립니다
연꽃 만나러 가는 길에
연(蓮)꽃에 내 마음을 담아 그대를 불러봅니다

내가 사랑하는 사람이여
내가 그리워 불러보는 이름이여

백련(白蓮) 한 송이 꺾어다
연꽃으로 차(茶) 울어내어
찻잔에 부어 놓고
연꽃 향(香) 찍어
마음에 담은 사연(事緣) 연가(蓮歌)로 적어 보냅니다

오욕(汚辱)에 더럽히지 아니하고
살아온 그대에게
인생을 꽃 피우는

사랑 노래 한 소절을
연(蓮)꽃 만나러 가는 길에 불러 봅니다

내 마지막 가는 날
곁에서 눈을 감겨 주기로 언약(言約)한 사람이여

백련(白蓮) 꽃으로
연꽃 향기에
젖은 순결(純潔)한
내 안부(安否)를 연(蓮)잎에 실어 띄워 보냅니다

–Ⅱ– 연꽃으로

소낙비 내리는 날
꽃향기 맡으러
연꽃 세상으로 가면 가슴 속까지 시원하고

간밤 내린
장마 장대비에 묻어 왔는가
맑고 고운 자태
천둥 번개 속에 놀란
백련(白蓮) 꽃 촉촉하게 젖어 널려 피었습니다

살색 고운
모시 적삼 속 젖무덤 비치듯이
붉은 연꽃,
꽃잎에 비친 줄무늬를 흘겨보니

노란 속살 내 놓은
연꽃에
감출 것 없이 바닥까지 들어 난 연밥처럼,
소리 내지 않고 활짝 웃는 연꽃으로 진실을 노래하면

연향(蓮香) 뽑아
줄을 매어 연주(演奏) 하여
연꽃 노래의 반주(伴奏) 삼고
아름다운 인생을 노래한다면
우리 사는 세상이 얼마나 향기로울까

부끄러운 세상의 종(鐘) 울리는
연(蓮)꽃 찬가(讚歌)를 불러봅니다

-Ⅲ- 연꽃 만나러 오시게

연못 속 물고기 입으로
연꽃 빚어
꽃 피워 내 놓았는가
아름다운 연꽃 피워
창조주에게 감사하며
연꽃 만나는 안복(眼福) 누리시게

연꽃을 만나려 오시거든
아침 식전 댓바람에
해 뜨기 전 연(蓮) 밭으로 오시게

연꽃이 필 때
이맘, 때 쯤
연(蓮)꽃 만나러 오시게

휘어져 누운 꽃잎마저
보석처럼 소중한 꽃 보시려거든
하늘 나는 새처럼
춤추며 연(蓮)꽃 만나러 오시게

연꽃 만나러 시방 오시게
연(蓮)꽃 만나는 안복(眼福)
아무나에게 오는 게 아닐세
연(蓮)꽃 피었으니
일생에 단 하루 나누어 주는 안복(眼福) 받으러 오시게

–Ⅳ– 수련睡蓮 꽃, 꽃 그림

수련(睡蓮) 꽃 핀
연(蓮)못에서 그대를 그립니다

물에 잠기어 피는 꽃,
수련(垂蓮) 꽃 그림을 그립니다

노오란 수련 꽃
연못 물속 노오란 수련(睡蓮) 꽃 달아 피는
분홍빛 수련 꽃
분홍 수련(睡蓮) 꽃 그림자를 매달아 피는

흙탕물 연못에 피어도
물들지 않는 수련(睡蓮)꽃 그려 놓고

세속에 물들지 않는

수련(睡蓮) 꽃 같은 그대 모습 그립니다

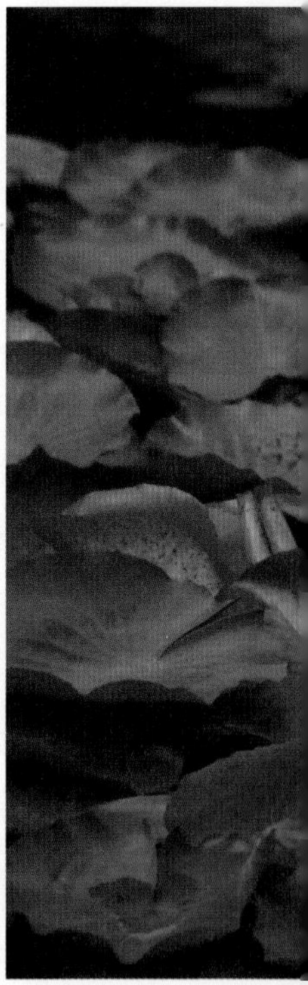

제4부

보리암(菩提庵) 가는 길

선운사禪雲寺에서

눈 덮인 선운사(禪雲寺) 골짜기
도솔천(兜率川) 건너
갈 곳 잃은 나그네처럼
예불 끝나 내놓는 헌식(獻食)만 기다리는
전깃줄에 줄지어 앉은 까치 떼
눈 덮인 경내를 뚫어지게 바라보고 있더라

나는
머리 털 하얀
한 마리 까치처럼
전깃줄에 끼어 앉아
큰 스님 불경소리 귀동냥 들어가며 산사(山寺)에 머물고 있더라

자재암自在庵 가는 길

하늘이 흘리고 간 눈 길 따라
산으로 가보았지
그 산에는
햇빛 찬란하게 반짝이는
아침이 눈꽃으로 피어나고 있었네

눈꽃 길 따라
소요산으로 가보았지
그 산
산사(山寺)에서 흘러나오는 목탁소리
산골짜기를 울리며 내 가슴까지 깨우고 있었네

헌식(獻食) 때 기다리는

눈 속에 갇힌

산사(山寺) 사는

산새가 쪼아놓고 간 울음으로

보석 같이 눈꽃 핀

자재암(自在庵) 앞 골짜기는 온통 설국(雪國)이었네

어서 오시다

어서 오시다
아름다운 이 어촌에 오시어 기쁩니다

우리는
가진 것 없어도 주는 행복으로
그간 이냥 저냥 살아왔죠
그래서
지금처럼
이렁저렁 살아가면 될 것입니다

이냥 그렇게
서로 보듬고 사랑하며 세상 살아가는 행복
그냥 이렇게 낯가죽 부끄럽지 않게 살다가
새벽 달 뜨는 아침

날 두고 육지로 떠나가실 때에는
다시 오실 그날 위해 탈 없이 안녕히 가시다

주 : ~시다. 는 경상남도 남해지방 방언,
존칭(오세요, 가세요)을 나타내는 어미.

설산雪山 되었네

산에는
눈이 내리네
하얀 눈이 내리네

하얀 눈이 내리네
삼각산에 눈이 내리네
온 세상에 하얀 눈이 내리네

하얀 눈이 내려와
삼각산 꼭대기에서
하얀 페인트 통째 쏟아 부은 듯한
삼각산에 눈이 내렸네

파란하늘아래
설산(雪山)을 옮겨 놓은 것처럼
찬바람에 눈 덮인 북한산이 하얗게 얼어붙어 있었네

차가운 하늘에서
하얀 눈이 내리네
겨울바람 타고 눈이 내리네
하얀 눈이 내려 눈 시린 설산(雪山) 되었네

낮에 나온 하현(下弦)달이
눈 덮인 설산(雪山) 삼각산
지키는 외로운 파수꾼처럼 파란하늘에 얼어붙어있네

보리암菩提庵 가는 길

숨이 목까지 차오르는
금산 보리암 부처 만나러 가는 길에

남해 바다가 발아래 펼쳐진
금산(錦山) 보리암 가는 길
얼레지 꽃이 활짝 입을 벌리고 혀를 내밀며 반기는

바다가 보이는 산비탈
키 작은 소나무 아래 하늘빛 닮은 왜 현호색
진주보다 더 파란 꽃이 나발을 불듯 무리지어 환호하는

천륜 같은 인연으로 이어진
부처 만나러 가는 여 보살 승복 바지가랑이 사이

48계단 곁에
연등을 달아 놓은 듯이 흰 제비꽃이 줄을 서서 길 밝히면

나는 개별꽃으로 인등을 켜듯
해수 관음보살상 앞 삼층석탑을 합장한 채 돌아
보리암(菩提庵) 위에 쏟아질듯 서있는 기암괴석 아래
에서

태조 이성계의 기원을 닮아
내가 태어나 나이 먹어 늙도록 함께한
자랑스런 우리나라 자유 민주 대한민국의 안녕을 기원
하고 있네

정남진正南津 바닷가에서

달빛으로 움막 지어
해 품는 여인을 품듯
시(詩)를 풀어
바닷물에 헹궈내어
하늘을 노트 삼는 밤이면

수평선 베개 삼아
파도를 이불로 덮은 정남진 바닷가에서
새벽 깨우며
들창 밖으로 오는 햇살이
시집간 딸 부르는 소리 빛 같더라

선재길 걸어서 어디로

섶다리 아래
물 같이 흐르는 단풍이
선재길 마디마디
하늘 그림자 비춘 개울 물 아래
단풍나무 줄 서서 누굴 기다리는가

길손들
섶다리 위 배우처럼

지나 온 길 등지고
불심(佛心) 찾아 걷는 한나절,

가을은 단풍 속에 앉아
선재길 개울 물길에
가을을 넣어
가을 단풍 연주를 하고,

파란 하늘에
구름은 산등성이 위로 솟아오르고
사랑 빛 따가운 햇살
단풍으로 물들어 가는,

산에서는
가을 해 짧은데
그대 선재길 걸어 어데 까지 가려는가

오색 주전골 올라 본 이

단풍이 물들어
가슴 방망이질 하는 가을날

해마다 이 맘 때 쯤
주전골 걸어야
한 해 가을 간다는
기대 속
단풍이 독주암 덮은 찬란한 가을날에,

금새
당신 얼굴이
빨갛게 단풍 빛 되고
주황색 빛으로 물드는,

주전골 쇳물 벌겋게 밴
물 흐르는 계곡 바닥
물빛이
가을 빛, 단풍 물이 흐르고,

벌건 대낮에
선녀 없는 선녀탕엔
살색 고운 물빛에
어느 빛이 물 빛, 단풍 빛인지 궁금하여

미련하게
그 물빛에 놀라 손 적시니
손등 타고 오르는
살색이
단풍으로 물들어 오를 것만 같더라

천년을 하루 같이 사는

바람에 깎긴 세월을 마시며
천 년 전 그 임의 숨결이 콧등을 스치는 밤
신라왕이나 된 것처럼 잠을 자고
아침에 눈 뜨니 잠 잔 곳이
산 같은 왕의 무덤 앞 천년을 하루 같이 사는 거리

토함산(吐含山)에서
동해의 기운을 삼켜
토해내 맴돌아
경주 남산의 만불(萬佛) 기도를 받아
형상강 강물에 띄우니

신라가 별이 되고 탑이 되어
천년을 노래하는 꽃비로 내리고
석굴암 수광전 처마 끝에서
동해의 서광을 펴 올리며 하루를 연다

續 - 산성山城에 눈이 내리네

절기(節氣)로 대설(大雪)
산에는 눈이 내리네
북한산성(北漢山城)에 하얀 눈이 내리네

눈부시게,
아름다운 눈꽃,
얼음 꽃 향연(饗宴)에 눈 시리도록
꽃 잔치에 취한 채 산 아래 마을 사는
산사람 눈 감고,

밤하늘
얼어붙은 얼음 꽃
별을 세며
산수화를 그리네

눈이 시도록
아름답고, 거대한 산수화 한 폭
혼자만의 안복(眼福)이라
아쉬워 보내오니,
창가에 걸어두고 보시게

백두산 금강 대협곡에서

백두산 오르고
천지를 보지 못한 아쉬움을 달래며
자연이 만들어낸
길이 70km, 너비 300m, 깊이 106m
기암괴석 금강 대협곡으로 가네

내가 볼 수 있는
이 비경을 보지 못하는 사람에게
사진으로 담아 보여드린다는 욕심으로
카메라 앵글을 맞추어도
바인더 속에는 협곡의 장관을 다 담을 수가 없어
안타깝네

이 협곡을 동양의 그랜드캐년이라 할만도 하다
백두산만 보고 내려오는 길에
내가 이 순간 보여줄 수 있는
금강 대협곡 앞에 서서 그날이 오기를 빌어보네

〈기행시〉

설악산雪嶽山 봉정암鳳頂庵에 오르는 이

－敍－

봉정암에 오르려면
한글날에 오르시오

설악산(雪嶽山) 봉정암(鳳頂庵)에 오르는 이라면
본사(本寺) 백담사(百潭寺)를 다녀가시오
큰집 먼저이고, 작은집(末寺)이 봉정암 이라오

구도자(求道者)의 길이 아니라도
염원이 있어 오르려면, 이 길을 걸어 오르시오

살아생전 한번이라도 오르지 못한다면
저승 가는 길이 어둡다네

1) 백담사 앞을 지나

백담사 앞 계곡에
예전 내방객들이 숨 고르며 쌓아 놓았던 돌탑은
지난여름 폭우에 쓸려 내려가고,
새로 쌓은 중생들에 염원 담은 돌탑은
이야기 있는 풍경으로 백담계곡을 적시네

계곡 끼고 산으로 오르는 길
돌길, 계단 길 밟으며,
붉고, 노랗게 물든 단풍잎사이로
얼굴 내민 파란하늘 눈으로 휘저으며,
산의 용자(容姿)에 취해 오르네

2) 영시암永矢庵 가는 길에

파란 가을하늘
한 점 흰 구름아래
단풍 점박이처럼 물들어가고 있네

흙냄새, 숲 냄새에
몸 담그고 산으로 오르는
평탄한 산길 가볍기만 하네

단풍과 계곡
기암괴석에 설악 보며 잡념 떨쳐 버리니,
어느새 영시암 앞 쉼터가 나오네

부처 만나러
봉정암, 오세암 오르는 불자이든

대청봉, 소청봉 오르는
등산객 위한 쉼터에 넉넉하게 감자 삶아
바구니 채로 내놓고,
목마른 중생들에게 마실 샘물이 넘쳐나게 흐르니
부처의 가피(加被) 끝이 없네

영시암 앞 계곡 옥빛 물
설악산 정기타고 푸르기 더하고,
절 앞 남새밭에 보살들 손 길 아침 햇살을 가르네

3) 수렴동 계곡 바라보며 가는 길에

수정처럼 맑은
수렴동 계곡 끼고 만나는
계곡 새롭고, 계곡물소리 다르네

산세 형형색색이 신비하니,
물이며, 나무며, 돌이
나누는 인사말이 다르네

산 오르는 계곡 길을 오르고,
또 올라
나무가 하늘 길 열고,
계곡물 소리 내어 이야기 나눌 때
위대한 자연 앞에 서서 숨이 막힐 지경이네

단풍 잎 사이사이 빛이 끊어진 틈새로
멀리 기암괴석의 산이 병풍처럼 하늘 가리면
심장 박동소리는 차츰 파란하늘 흰 구름 닮아가네

산에는 길 있고
이정표가
부처 만나러 가는 불제자,
산을 만나러 오르는 등산객
무사하게 인도하는 길잡이 되어 반갑네

걸어도 산,
형색 빼어난 기암이요,
병풍 같은 산이니,
계곡을 동무 삼아 오르며
나타나는 산 곳곳이
단풍나무 소나무가
분재모양으로 하늘에 닿아 있네

산을 헤치고
오르는 산길에서 만난,
눈 시리고 손 시린 틈으로
맑고 푸른 옥빛 계곡물과
너럭바위가
산에 오르는 나그네를 잡아 앉히니,
준비 해온 간식
붉게 물든 단풍나무 향기로 싸서 먹고,
옥빛 물은 술이 되어 나누어 마시니
두터워지는 것은 정이라네

산 아래에서 만난
동해 바닷가 선녀 같은 시인,
바위 같은 시인 부부는
일행을 산에 남긴 채,
산 아래로 다시 내려가 바닷가로 달려갔네

푸르다 못해 배추 빛으로

바뀐 소(沼) 위로 붉게 타고 있는 단풍나무
그림자 되어 소(沼)에 드리우고
하늘 가린 단풍 잎 사이로 나타난 파란하늘 흰 구름이
반갑네

기암 바위로 내려 붓는 폭포
수렴동 계곡 물만 보랴
눈앞에 펼쳐지는 파란 하늘 수려(秀麗)한 산
글자 그대로 형형색색이니 자연의 조화 놓칠 수 없네

잠시 걸음을 멈추고
아름다운 단풍과 설악산 배경삼아
등산 기념사진을 찍고 앉으려 하니,
산에 사는 다람쥐 사람을 구경거리로 여기며
가까이 다가오며 꼬리를 흔든다
아마 산사람들이
헌식으로 내놓는 음식에 길들여진 습성인가 보네
이러다 이 다람쥐

겨우내 먹을 식량 준비 하지 않고
추운 겨울 어떻게 나려는가
걱정거리 한 가지 더 생기네

4) 용아장성과 구곡담 계곡 가는 길에

꾸불꾸불 길 위로
계단이요, 돌길이니, 지칠 여유조차 없네
깎아지른 골짜기 위로 보이는 것은
기암으로 조각한 산이요,
바위산 틈새에는 소나무 단풍나무
산을 아름다운 옷으로 갈아입히고 있네

가파른 철 계단 오르며
왼쪽으로 넓은 조망대 나타나
다리도 쉴 겸 비켜서 바라보니
두 줄기 물줄기가 쌍폭 이루며
앞 물살 밀어내고,
뒷물 당기듯이 힘 주며 쏟아 붓듯
내려오는 소리 산이 울고,
울음소리 메아리 되어 산골짜기 날며
보는 이의 눈을 뜨게 하더이다

이러니 저절로 사람이 산을 닮고
기상이 설악의 빼어난 자태 닮아가나 보네

가파른 산 오르니
나무는 푸르기 더하고,
멀고 가까이 보이는 단풍은
새빨간 물 몸에 담아 뿜어 낼 것만 같네
이렇게 완상을 하는 사이
계곡에서 불어오는 바람은
흘린 땀조차 얼게 할 듯이 차갑기 까지 하네

5) 봉정골로 가는 길에서 사태골 바라보며

긴 계곡을 오르며,
산행이 끝나는가 하였으나,
앞에 나타난 고개가 바로
숨이 막혀 오른다는 깔딱 고개라네
숨이 막혀 못 가겠네
돌아 가려해도 걸어 오른 길이 얼마이고,
오른 계단 돌길이 얼마인가
오르지 못하면 부처도 만날 수 없네
떨어지지 않는 다리 잡아당겨 오르니
봉정골 사자바위 밑에 올라섰네

걸어 온 계곡모습이 발아래 펼쳐있고,
용아장성들이 눈앞에 도열하고 있네
봉정골 사자봉에서 사태골 바라보니,
온 천지가 기암괴석으로
조각한 바위산이요,

군데군데 소나무 단풍나무로
점 박아 놓은 산은
조물주가 만들어 놓은 거대한 예술품이며,
바람 불어도 그 자리에서 움직이지 않는 장군이네

6) 鳳頂庵에서

사자봉에서 아직 20분 더 봉정골을 올라가야
설악산 해발 1244m,
하늘 아래 가장 먼저 만난다는 산사(山寺) 봉정암.
부처님 진신 사리가 모셔진 적멸보궁이네
높은 산, 사랑바위 부부바위 아래 있는가
바람도 머물고 가는 산사에는 불자 홍수요,
기도소리 산을 덮고 있네

봉정암 해발 1000m 넘는 산위에
자연샘물로 목을 적시고
적멸보궁에 올라 삼배 올리며
산행에 무사 귀환 기원하며 눈을 뜨니,
눈에 불상은 보이지 않고
연화단 넘어 유리 밖 부처님 진신 사리탑이 서있네
적멸보궁 법당 안은 불자로 넘쳐나고 스님 불경소리
가득하네

발걸음은 봉정암
석가 진신 사리탑 앞으로 가고 있네
산에 온 많은 불자 중에 보살들
기원으로 산 정상을 지키고 있네
처사는 산행하고 보살만 불자이런가
사리탑 향하여
합장하며 삼배 올릴 수 있으니
이도 복 짓는 일이라네
산자락 덮는 불자들 염불 소리 산을 덮는데,
해는 앞산 너머로 숨어가며 찰나에 산을 노을로 덮네

사리탑 앞
소나무 옆 작은 바위에
저 스님은 눈 감고 합장한 채
가부좌로 앉아 무슨 기도
하실까

7) 尾

저녁 공양으로
공양간에서 받아온 미역국에 밥 한 덩이에
오이 무침 3조각 넣어 먹는 것이 산사의 공양
전부라오
절에 가서도 기도 잘하면
새우젓 국물 맛본다는 말이 있지요
낮에 바다로 내려간 부부시인이
준비 해 준 문어 회에
치밀하고 세심한 P선생이
보석보다 더 귀한 위시키 한 모금이
추운 산사에서 오장육보를 덥게 해 주오

살아서 한 번 오기 힘들다는
산사에 밤부터 새벽까지
요사체(寺) 처마 밑에
가부좌로 앉아 꼬박 밤을 새웠소

불심 깊은 불자들은 기도로,
염불소리 목탁소리 어둠 갈라 먹으며
여명의 아침 산사 지키고 있소

산사 래방객 안내 마이크 소리가
부처님의 가르침보다 현실적인,
산사에 아침은 다시 일상으로 돌아가고,
산사에서 얻은 것이 무엇이뇨
물으신다면
부처님이
너무 멀고 높은 곳에 계신다는
내 생각이 잘못이 아니라면 좋겠소

제5부

들국화 향기 물어다

들국화 Ⅱ

강 언덕에 핀 들국화로
그대 소식 묻습니다

사랑하는 그대에게
들국화 꽃망울 터뜨려 꽃향기 물어다,

강바람에 꽃잎 춤추게 하며
그대 곁에 가을 불러 세워놓고,

내 들국화 가을 노래로
우리 사랑의 불씨를 지펴 봅니다

들국화
바람 부는 강 언덕에 향기롭게 피었습니다

들국화 벼랑 끝에 졸고 있는
가을날에 강바람 타고 그대 오시려나요

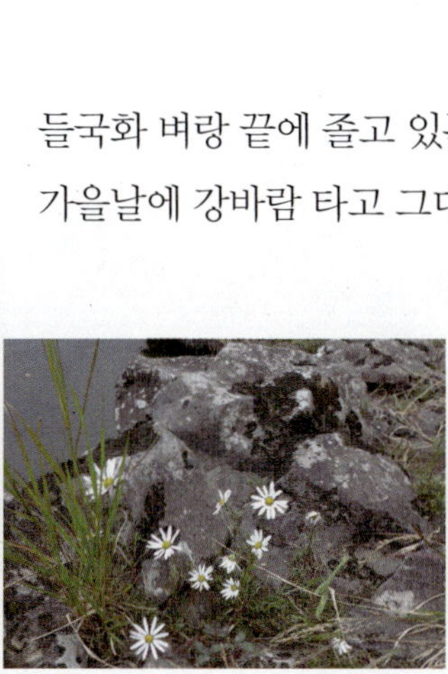
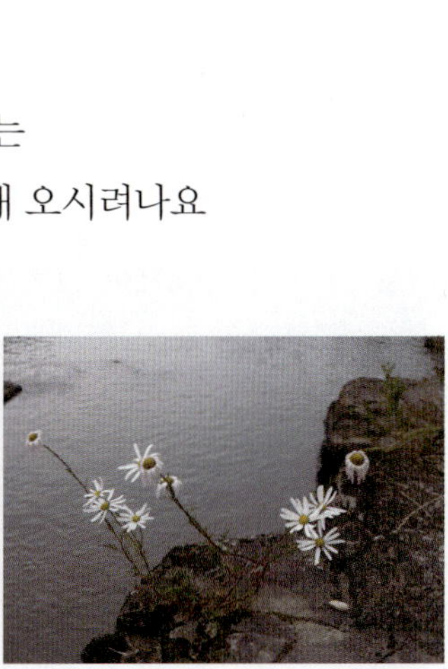

가을 수채화水彩畵

가을은
궁궐(宮闕)처럼 꾸민
단풍나무 숲에서 성스러운 고백(告白) 하듯
그림 그려 수채화(水彩畵)로 태어나나 보다

단풍나무 숲에 가리어 봄, 여름은
숨었고
온통 우리 사는 세상을
엷고 진한 붉은 빛으로 모자라
온갖 빛으로 차곡차곡 물들여
가을 한 복판에서 수채화 잔치를 열고,

단풍은 길도 없는
하늘에서 바퀴 없는 바람 타고
우리 곁으로 가을 소풍(逍風) 와
화려하게 단풍(丹楓)으로 그림 그리는 화가(畵家) 되고,
단풍(丹楓)은 하늘에서 노닐다 다 타버린 수많은 별들이
내려와
한 폭의 수채화(水彩畵)로 수(繡)놓아져 가을빛을 낳고,

그래서
가을은 풍경(風景)을 낳는 위대한 어머니 되고,
가을은 우리 가슴에 수채화를 새겨주는
조각가(彫刻家)로 사나보다

가을 손님

가을 손님은 솔솔 부는 갈바람에
소리 없이 오는 세월이런가

가로수 나뭇잎이 떨어지는 낙엽이 가을 손님이런가
물아래 산 그림자 드리우며 가을은 손님으로 오는가

들꽃에 매달린 햇살 같이
따갑게 가을은 손님으로 오는가

개울가 풀숲에 야숙(野宿) 한 고추잠자리
밤이슬에 젖은 날개 아침 햇살 쐬는
잠자리 쪽잠처럼 가을은 손님으로 오는가 보다

억새로 쓰는 가을 편지

바람에
쓸어져 눕고 일어나는 억새는
이삭을 줍는 허리 굽은 농부의 아내 같거나,
가을걷이하는 농부의 검붉은 얼굴 같거나

억새로 쓰는 편지
수취인이 사랑하는 당신이었으면,
은발의 머리카락
바람에 반짝이며 달려 올 것 같은 당신이었으면,

내 귀가 울음 우는 것 같이

억새로 쓰는 편지는

바람 만나고 오는 눈물 없이 쓰는 편지이게

가을 복판

거미줄에 걸린 풍경(風磬)에
가을을 붙잡아 매단
산사(山寺)
뜰아래 꽃 밭 귀퉁이에
가을볕 등에 업고
꽃과 나비 사랑 점치는
가을 복판에 눈이 부시네

메밀꽃 필 때

흰 구름 하늘에 떠 있고
산 아래 산허리로 꽃 핀 메밀밭이
마치 눈 내려 하얗게 덮인 설원(雪原) 같아 숨이 막힐
지경입니다

바람난 짐승처럼 흰 구름
산허리 넘어 너울거리며 내려와
메밀꽃 피우면
가을 햇살에 메밀꽃은 온통 희다 못해 푸른빛이
솟아나고

하얀 옥양목 이불 호청을 양잿물에 삼아
펼쳐 놓은 듯 눈이 부시어 눈을 뜨지 못합니다

가을 햇살이 무서운 한낮
메밀꽃 필 때면
메밀밭이 마치 천상(天上)에서 온 선녀들의 무대처럼
하얗게 가을을 적시고 있어
푸른 바다 하얀 물거품 물고 몰려오는 그리움 같이
찬란하게 꽃 핀 메밀밭으로 나가
소설 속 주인공처럼 젊은 날의 소중한 사랑을
더듬어 봅니다

코스모스는

당신은 어디쯤 오고 있습니까
코스모스 하늘하늘 거리며
가을 낳는 강변에 와 있습니다

코스모스가 보이십니까
만국기 펄럭이며 날리듯 여덟 이파리 꽃잎에 매달린
형형색색 코스모스는 우주로 태어나고,
가련하게 목 뺀,
모가지가 긴 사슴 닮은 코스모스 꽃봉오리는
가을을 잉태하고 있습니다

코스모스는 파란 하늘 향해
울긋불긋 우리 가슴에 휘장 달듯이 안겨오고,
코스모스는 찬란한 가을을 낳는가 봅니다

그래서

코스모스는 가을의 어머니입니다

봉평 메밀꽃 길 따라

파란 가을하늘에 걸린

초승달이

메밀꽃 바람에 춤추며 내려앉은

섶다리 물아래 그림자 따라

거미줄에 걸린 가을이
소낙비에 젖어
작년 이맘때 같이 한들거리며
가을은 메밀밭으로 내려오고,

파란하늘에서 내려온
가을소식 비추는 징검다리 지나
메밀전병에 막걸리 한사발로
메밀꽃 가을 편지를 쓴다

메밀꽃이 뽀얗게 화장 하고
기다리는 봉평에는
성처녀와 하얗게 사랑을 태웠던
물레방아 돌고 있고
당나귀는 늙어 있었지만
눈 씻고 찾아도 생원도,
그리고 성처녀의 아들 동이는 없었다

낙산 의상대에서

옛 시인의 노래 속에
밤중 때쯤만 일어나 서둘러
벌겋게 타오르는 일출을 보려던
그 동해 바다를 바라보고 있네

지금은
아주 파랗게 눈 시린 하늘아래
그때 그 푸른 동해바다를 앞에 모셔 놓고
바다에 붙어있는 절벽에서 솟아오른
푸른 소나무를 친구처럼 곁에 둔
의상대에서

옛 시인의 시심(詩心)을 훔쳐
일출(日出)대신 홍연암 처마 끝 풍경(風磬) 불알로
낙산 의상대를 노래하네

당신이 가을이십니다

과수원
사과나무에 매달려 오신 당신은 누구십니까

고향집
울타리처럼
감나무에 줄줄이 달려오신 당신도 가을입니까

가을은
따가운 햇살아래 고추잠자리 날개 짓에 묻어옵니까
달뜨고 별이 빛나는 밤
내 곁으로 와 자장가처럼
은은하게 노래하는 당신이 가을입니까

황금벌판에 누렇게
고개 숙인 벼이삭 같이 넉넉하게
추석 앞날
지짐이 부치는 소리처럼 속삭이는 당신이 가을입니까

산 너머
고향 집 앞
넓은 벌 논길 따라 오는 가을을 그려 놓습니다

갈대숲에서

갈대밭에는 바람이 불어야
갈대가 울음 운다는
손녀 딸 이야기가 맞기는 맞나 봅니다

바람 부는
갈대숲에는
열아홉 처녀의 치마폭이 펄럭이는 소리가 나고,

은발(銀髮) 머리만큼
하얀 갈대
바람에 반짝이며,
친구 하자는 듯
백발(白髮)을 자랑처럼 갈대 숲속을 휘젓고 다니네

여자의 순정이 숨어 있는,
갈대숲에 서서
어디쯤 고향이 있으려나
까치발로 사슴 같은 여인의 눈으로 가을 하늘 바라보네

제6부

길에서 길을 묻는다

길에서 길을 묻는다

사랑방 미닫이문 열고
뜰아래 이름 모를 풀꽃에게
어떻게 살아가느냐 눈으로 말하면
그저 계절 따라 그럭저럭 산다고 웃음으로 인사하네

숲길에서 바람에게
길을 물으니 손을 헤집고 하는 말
소리 따라 끝도 없이 달려가다
길이 막혀도 물러나지 않고 앞으로 뚫고 나간다
속삭이네

산사에서 점심 공양 마치고
승방(僧房)으로 가는 노승에게 길을 물으니
처마 끝 풍경(風磬)소리에 눈 뜨게 하고,
절 아래 마을로 탁발(托鉢) 나가는 스님에게
어디로 가시느냐 물으니
세상 일 몰라 하는
불보살(佛菩薩) 길 찾아 주러 간다 하네

세상사는 이야기로
선각자(先覺者)에게 길을 물으니
졸고 있는 세상사람 바른 길 찾아 깨우러 간다
하더이다

눈꽃 접기

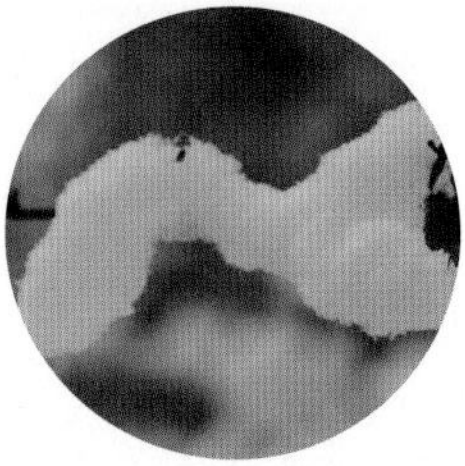

북한산 눈꽃은
초등학교 공작시간,
종이 접기 하듯 눈(雪)으로 눈꽃 접기를 하네

아주 섬세하여,
종이 접기 박물관에
눈꽃 작품 전시회를 펼치듯 산에다 전시회를 여네

친구, 볼만한가

눈으로
산새들 편히 잠자는 둥지를 빚어 놓고
산새 불러 모으면 좋겠네

눈꽃은
요정처럼 나타나 학(鶴)을 접어놓아
산 속을 헤집고 날기도 하고,

누에고치처럼
나뭇가지 기어오르며
살아 숨 쉬는 예술품이 되고,

산에서는
눈꽃은 무용수가 되기도 하고,
혹은 철봉에 매달린
기계체조 선수 같이 멋진 회전을 하네

눈꽃은
금메달을 목에 건 빙산선수 두 뺨에 흐르는
눈물이 되어 금방 떨어 질 것만 같고,
아니면

눈꽃은 무용수의
날렵한 발이 되어 설산(雪山)을 날기도 하네

눈꽃이
왕관을 쓴 여왕처럼 우리 곁에 나타났네

친구, 볼만한가
어찌 2% 부족한가
그래야
여백(餘白)이 생겨 채울 수 있지 않는가

아마
조물주가 베푸는 위대한 혜택,
자연이 주는 선물(膳物)이
바로 이런 여백(餘白)의 미(美)가 아닌가

친구,
난 참 행복하네
자연이 만들어 낸
이 아름다운 예술품의 극치(極致),
눈꽃을 눈으로 만나는 찰나(刹那)를 즐긴다니,
난 참 행복하네

눈꽃
작품전시회가 이만하면
눈으로 빚은
조물주 공작시간 수업은 성공이라네

슬픈 삿갓나물 노래

깊은 산 숲속에 삿갓은 거추장스럽게
삿갓 쓰고 방랑 떠나는
꽃으로 피어나 아름답게 피는 삿갓나물이라네

꽃으로 핀 삿갓나물
팔남매의 아주 슬픈 전설이
꽃으로 피어
산을 지키나 보다
오빠 일곱이 이무기와 싸우다 죽어
칠엽(七葉)으로 피었나,
갑옷 입고 49일을 닦은 막내 누이 무술로도
싸움에 이기지 못해
죽어서 금빛 바늘 화병(花甁)이 된 누이의 꽃 삿갓나물
이라네

죽어서 품은 한이
살아서 독 품은 꽃이 된 슬픈 삿갓나물
삿갓 벗는 일이 번거로워 벗지 않고 해마다 산을
지키는 꽃이게

소풍가는 길

꽃 피고 새 우는 어느 봄날 아침
연꽃잎 접어 평생 한번 입는 옷
당신께 입혀 보내려고
간밤 꿈속에서 위 틀니가 두 동강이 났나 봅니다

말 한마디, 편지 한 글자 남기지 못하고
그렇게 떠나시나요
가는 곳 어디인지
우리는 알 수 없는 길로 당신은 가 버렸습니다

스물한 살 앳된 나이 우리 집안으로 시집와
자식 효도 받고 살만하니
이리 빨리 세상 버리고
칠년 전 떠난 형님 따라 당신도 갔습니다

누구나 한번 가는 길이라지만
달랑 연꽃 옷 한 벌 접어 입고
돌아오지 못하는 길로 소풍 떠나십니까
우리는 당신을 보내지 않았습니다

수선화를 아시나요

목노 주점 앞 의자에 앉아
단골손님 기다리는 마담 같이
목을 길게 빼고
기다리는 수선화를 보셨나요

허연 목덜미 뺀 채 핀
하얀 수선화에서
간 밤 꿈속에 달나라로 여행가는 꿈꾸고
해 뜨자마자 잠에서 일어난 하얀 수선화 기다림

혼자는 외로워
순결하게
노란 수선화는 기다리는 이 누굴까
눈에 빨간 실핏줄 세워가며 외로움 이기는

큰 눈 뜨고

오실 단골손님 부르는 목노 주점 마당에 눈빛으로

밤을 잊고 독백 하는 양지쪽 수선화

누가 이런 수선화를 아시나요

북한산에 오시려거든

북한산에 오시려거든
진달래꽃 지고
산철쭉 꽃 속살이 젖먹이 아기 볼 살처럼
뽀얗게 터지기 시작하는 날 우이동에서 북한산으로
오르시게

산철쭉 꽃 만발(滿發)하여
마치 공중목욕탕 수증기 낀 열탕에
들어앉은 몸 뽀얗게 익어
윤기 나는 나신(裸身)
훔쳐보듯 두근거리는 가슴으로 오시게

백운대 인수봉 떠받들고
산철쭉 마주한 쉼터에서
도시락 꺼내 헌식(獻食)으로 밥 한 덩이 던져
산에게 문안 인사하시게
오뉴월에 피던 철쭉이
이른 사월에 산철쭉 꽃 속살 터지는 이때쯤 오시게

오시려거든 지금이 딱 그 때이니
휴대폰으로 내 방금 보내준 사진 한 장 치켜들고
북한산
백운대, 인수봉 마주 바라보며
고향 같은 북한산에 올라 삼각산 봄 노래하세

바다에 봄이 피었습니다

남해 바다에
봄이 피었습니다

다시 찾은
남해 미조 처가
바래 길에 봄이 피었습니다

바래 길에는
작년 이맘 때 벚꽃 피더니
올 봄도 벚꽃이 활짝 피었습니다

우리 장모
하늘로 소풍 가신 지 일 년
소통하듯이
벚꽃이 바래 길에 터널처럼 이어져
봄 바다에, 하늘에도 활짝 피었습니다

그래,
남해 바다 바래 길에
하늘 아래 벚꽃, 유채꽃이
꽃 범벅 되어
바다에 봄이 피었습니다

정말
바래 길 아래
봄 바다에 벚꽃 잔치를 열고 있습니다

애기 나리 꽃

그냥 먼 산 바라보다,
오늘에야 대문 열고
산 넘어 응달진 산비탈로 소풍 나온
요정 같은 꼬마, 애기 나리 꽃
큰 소리로 부르면 놀래 풀숲에 숨을까 두려운 요정 꽃
당신

권세깨나 떠는 아비를 둔, 바람둥이 소년 땜시
애기야, 애기야
개똥밭에 굴러도 저승보다 이승이 낫다고 하지 않느냐
애기야 우리 애기야
오해로 죽음을 산들 소용없는 애기 나리꽃아

이제는 기다리지 않아도
하얀 웃음으로 반기는 아주 작은 애기 나리꽃
외딴 산길에서 우리 애기 하얀 마음 마주보며 오늘에
산다네

큰 까치 수영 꽃이

하늘 나는 까치 유선형 배 닮은 하얀 깃털 같은
풀 섶에 꽃으로 뿌려 놓은 큰 까치 수염 꽃인가 보다

그게 아니고
한 70년 전 어느 겨울
세상 버리고 떠나신
아버지의 하얀 수염 같은 큰 까치수영 꽃 피어
하얗게 잊어버린 아버지
기억이 눈앞에 뻔쩍이며 나타난 꽃이

밤하늘별들 무리지어 쏟아져 내려와 215

은하수처럼 알알이 박힌 꽃이

서양 연극배우 카이젤 수염 같이 꼬리 내려 피어난

손톱 끝에 박힌 가시처럼

아픈 그리움이 하얗게 피어나는 큰 까치 수영 꽃이여

장마가 가져 온 선물膳物

곱고 고운 숲속 아기를 보셨나요.
이 어여쁜 선물을 꽃이 아니라 합니까

어쩌면 이름 모를 아이처럼
그러나 아무도 찾지 않는 나약한 노인 같은
보배로운
꽃보다 아름다운 선물을 독(毒)버섯이라 부릅니까

꽃처럼 수려(秀麗)한 버섯
장마가 가져 온 아리다운 선물에게
꽃과 같이 예쁜 이름을 불러 주시렵니까

당신이 이름을 불러 주세요

독버섯 아닌

장마가 가져 온 선물(膳物)이라 불러주면

그러면 아이처럼, 노인 같이 아주 행복 할 것입니다

망월사望月寺에 올라 본 이

(1)

망월사로
가려거든 일주문은 없어도
절문에 걸려 있는
아니 오신 듯, 다녀가게나
읽어 마음에 새겨두게

산사에 소리도 흔적도 남기지 말고,
도봉산이 눈을 붙잡아 세우네
어떠한가
이만한 신품(神品)은 또 없겠지 않나
비바람에
세월을 보내나보네

(2)

산사(山寺)이든,
산(山)이든
주는 대로 받고,
받은 대로 베푸는 것이
아니온 듯 다녀가는 것이라네
세상에 나서 아니온 듯
세상 떠날 때는
남김없이 다녀가듯 떠나는 것이
우리가 살아 갈 길이라네

산(山)이 주는 답(答)이 무엇이고,
산사(山寺)가 주는 답(答)이 무엇이라던가
아니온 듯 다녀가시게

앵두 - 2

앵두 같은 입술 꼭 다문
쌍둥이 우리 아가 낮잠 깰까 두렵네
가만히 오세요

우리 아기 입술 쏙 빼 닮은 앵두
농익어 떨어질까 애타는 한낮,

닥지닥지 매달려 앵두 익어가는
유월,
바람에 흔들려 계절 잊고
빨간 토끼 눈으로 눈꺼풀 내려앉는
초여름 한나절 길기도 기네

원추리 아침 노래

복날 가까워지면
잘 짖던 동네 골목 개도 짖지 않는다는
복날 아침
어제 밤 내린 여우비에 말끔히 씻은 얼굴로
원추리 가족이 모여 합주(合奏)를 하며 나발을 불어
댄다

노란 소리로 풍선처럼 부풀려 나발을 불어
중복 (中伏)을 하늘에 띄워
더위 쫒아내는
원추리 아침 노래가 더위를 가셔내니
그 덕에 땀방울이 하늘로 올라가 비 되어 내리나보다

산에는

산에
동강 할미꽃 수염 달 때면
뻐꾹새 위탁한 제 새끼
이소(離巢) 재촉하는 노랫소리 울리고,
백두대간에
야생화 지천으로 피어도
민들레 홀씨가 소대 병력 될 만치 뭉텅이로 피어나,
때 늦은 동강 할미꽃 보랏빛 수염과 다투어
하늘로 환생(還生) 여행 떠날 준비를 하네

이영순 제2詩寫集
이보시게, 들꽃처럼 세상 사시게나

초판 1쇄 발행 | 2018년 8월 16일
지은이 | 이 영 순
발행인 | 윤 진 영
발행소 | 도서출판 대학서림
주　소 | 03076 서울시 종로구 혜화로 2길 8
전　화 | (02) 763-1220, 744-2811
등　록 | 1965. 1. 20
번　호 | 1-88
ISBN | 978-89-6940-185-4 03810